THÉATRE
SAINT-MARCEL

Construit à Paris, en 1838,

SUR LES DESSINS DE ED. LUSSY, ET M^{er}. ALLARD,

ARCHITECTES.

PARIS

A LA LIBRAIRIE SCIENTIFIQUE-INDUSTRIELLE

L. MATHIAS (Augustin),

15, QUAI MALAQUAIS.

1840

Nos planches paraîtront peut-être dessinées sur une trop petite échelle : nous répondons à cette objection qu'elles font partie d'un autre ouvrage plus important sur les théâtres de la capitale, par notre confrère Kaufmann, publié par M. Mathias (Augustin), et que nous n'avons pas jugé notre travail assez majeur pour le reproduire sur une échelle plus grande.

THÉATRE

SAINT-MARCEL [1],

CONSTRUIT A PARIS, EN 1838,

SUR LES DESSINS DE ED. LUSSY ET M^{ce} ALLARD, ARCHITECTES.

Il ne faut pas s'étonner d'avoir vu construire un théâtre dans un quartier aussi éloigné que le faubourg Saint-Marcel.

Cette partie populeuse de la capitale, composée de commerçans, d'industriels et d'artisans, renfermant, si l'on y comprend les habitans de la Maison-Blanche, de la Glacière et de Gentilly, plus de cent cinquante mille personnes, privées de tout spectacle, a toujours vivement

[1]. Nous avons conservé le titre, primitivement adopté, de théâtre Saint-Marcel, quoique quelques personnes timorées ou frappées de scrupules religieux aient demandé qu'on le nommât théâtre du *Faubourg-Saint-Marcel*, s'effrayant de voir le nom d'un saint donné à un théâtre : tout en excusant ces scrupules, nous ne les partageons pas, par la raison qu'ayant voyagé chez des peuples considérés comme plus religieux que nous, nous avons vu a Madrid le théâtre de la *Croix*; à Naples, celui de *Saint-Charles*; à Lisbonne, *icem*, et beaucoup d'autres dont les noms nous échappent.

désiré de posséder, comme les autres quartiers de la ville, un établisse-
ment de ce genre.

MM. Perrin et Charlet, artistes dramatiques, pensant que la fondation
d'un théâtre, au milieu de cette population, offrirait une opération
avantageuse, en même temps qu'elle répondrait aux besoins et aux vœux
de la localité, adressèrent, en 1837, au ministre de l'intérieur une
demande appuyée par les sommités de la littérature et les notabilités du
quartier. Un arrêté du 1ᵉʳ avril 1837 leur accorda, par privilége, l'auto-
risation de construire un théâtre au faubourg Saint-Marcel, et d'y faire
représenter la comédie, le vaudeville, le drame et le mélodrame. L'empla-
cement choisi (d'une contenance de 904 mètres superficiels) offre plusieurs avantages : celui d'abord de se trouver dans la rue Pascal, la plus
belle et la plus large du quartier; celui aussi d'être à proximité de l'immense partie de la banlieue qui doit concourir au succès du théâtre, et
celui enfin non moins précieux, sous le rapport de la sûreté publique,
d'avoir pour limite la rivière de Bièvre, qui alimente les réservoirs exigés
par la police, pour les cas d'incendies, et qui, se trouvant en contre-haut
des dessous du théâtre, permettrait de les inonder entièrement au
moment d'un accident, une bonde ayant été pratiquée à cet effet.

Les travaux furent commencés, sur nos dessins, vers la fin de la même
année, et après plusieurs interruptions amenées par le changement suc-
cessif des entrepreneurs, des administrateurs, etc., changemens qui
eurent lieu au moment où l'édifice se trouvait presque à moitié terminé,
l'ouverture n'eut lieu que le 23 décembre 1838.

Quoique destinée à un théâtre de troisième ordre, cette salle de spectacle a reçu une disposition propre à des représentations d'un genre plus relevé, et sous ce rapport nous croyons avoir atteint le but qu'on s'était proposé.

L'édifice, suivant les règlemens de police, est isolé des constructions voisines par deux passages larges chacun de 2 mèt. 47 cent.; les parties contiguës à la rue, couvertes par des planchers en fer, sont divisées par des barrières mobiles, en deux parties, dont les unes conduisent au bâtiment de service qui se trouve au fond, et les autres servent de passages couverts pour les *queues*, qu'on a fait tourner encore autour du vestibule pour leur donner le plus de développement possible, avant d'arriver aux bureaux de distribution des billets.

La figure 1re de la planche 1re représente la façade; à droite et à gauche du portique d'entrée sont deux boutiques, dont l'une est occupée par un café : cette disposition resserre un peu le vestibule; mais elle nous a été imposée par l'administration, dans le but d'en tirer quelques revenus.

La salle a 13 mètres de largeur, 12 mètres de profondeur et 13 mètres de hauteur; sa forme présente au rez-de-chaussée (figure 4) un grand cerle coupé par la ligne droite des avant-scènes.

Les poteaux de cette enceinte circulaire remontent jusqu'au deuxieme étage, et y supportent le plafond. Les loges et les galeries des autres étages (figures 2, 3, 5 et 6), en saillie sur cette enceinte, sont soutenues par des colonnes en fer.

Nous avions arrêté pour la décoration intérieure de la salle le style mauresque avec ses richesses et sa splendeur, style que l'un de nous a pu étudier avec soin, pendant un séjour à Cordoue, Séville et Grenade;

nous avions l'intention de l'employer à la rigueur dans ses moindres détails; mais on a fait quelques changemens à notre projet dans l'exécution, changemens dont nous n'acceptons pas la responsabilité; notamment les soubassemens à croisillons qui supportent les colonnes, non plus que les choix peu harmonieux des tons.

Quelques détails de la façade ont été aussi négligés, soit par économie, soit par quelque autre raison.

L'ouverture de l'avant-scène a 9 mètres de large et autant de hauteur.

Le théâtre, par sa dimension (16 mètres de large sur 10 mètres de profondeur), se prête facilement aux représentations à grand spectacle, et se trouve parfaitement bien machiné. C'est *M. Dunayme*, jeune machiniste très-intelligent, lequel avait équipé déjà le théâtre de Dieppe, et plusieurs autres petits théâtres de la capitale, qu'on a chargé de cette partie de la construction.

Nous n'avons pas hésité à consacrer plusieurs planches à la disposition de ces machines, que nous pouvons recommander comme un modèle pour des théâtres de cette importance.

La charpente de cet édifice, toute en fer, a encore cette particularité nouvelle, d'avoir ses fermes disposées, dans la partie du théâtre, dans le sens de sa profondeur, et par conséquent dans le sens contraire de celle de la salle, au lieu de lui être parallèle comme cela se pratique ordinairement; il en résulte qu'elle est contrebutée par le bâtiment de service d'un côté, et de l'autre, par le gros mur de refend du théâtre : par ce moyen, nous croyons avoir donné une très-grande solidité à cette partie, en évitant de faire supporter aux murs des côtés intérieurs l'effort du roulement des machines : et en effet le résultat a confirmé notre prévision.

La plus grande économie ayant dû présider à la construction de ce théâtre, nous avons cherché à éviter les grandes portées, et par là, les fortes grosseurs des fers.

Le gril (planche 4ᵉ) porte sur quatre grandes traverses en fer, qui sont suspendues aux fermes par des étriers. Les ponts volants et les ponts de service adhèrent au gril.

Toutes les fermes, tant du théâtre que de la salle, sont de la plus grande simplicité. Les dimensions en sont tellement faibles, que l'entrepreneur de serrurerie, M. Bodson, hésitait à les mettre en œuvre : nous devons lui rendre cette justice, que, convaincu par nos raisonnemens, il les a exécutés avec une rare adresse, et nous avons eu la satisfaction de voir que depuis près de dix-huit mois, malgré le jeu continuel des machines, aucun mouvement ne s'est fait remarquer dans leur ensemble.

M. Genet, l'entrepreneur général, a aussi exécuté le reste avec la plus grande intelligence.

Les peintures et décors sont de M. Peyne, jeune artiste de la plus grande espérance.

Nous avons remarqué avec plaisir, le jour de l'ouverture, que, quoique la salle fût pleine et comble, elle a été évacuée en moins de cinq minutes et dans le plus grand ordre, ce qui tient, nous le pensons, à la manière dont nous avons ménagé les escaliers et les issues.

Chaque rang de places a pour ainsi dire son escalier et sa sortie.

Le grand amphithéâtre du haut a un escalier pour lui seul, et le parterre, au moyen des portes latérales qui s'ouvrent à la fin du spectacle sur les isolemens, se trouve évacué en un instant.

Le public fait aussi l'éloge de la sonorité de la salle: la voix de l'acteur pénètre sans effort dans les parties les plus reculées.

Nous n'avons pas la prétention de présenter cet édifice comme un modèle, mais nous avons assez étudié cette partie, et fait les efforts nécessaires pour être utiles à ceux qui, par suite, auraient à s'occuper d'une construction de ce genre dans les départemens; nous recommandons notre faible travail à MM. les maires et membres des conseils municipaux, sans dissimuler toutefois que nous avons reçu les conseils et les encouragemens de feu Percier, notre illustre maître.

La modique dépense de cette salle mérite aussi d'être prise en considération: la construction ne s'est pas élevée à plus de 150,000 fr. ; malgré les nombreuses et coûteuses exigences des règlemens de Paris sur les incendies, qui toutes ont été satisfaites.

Les décors, peintures, et le matériel qui est immense, n'ont pas coûté plus de 60,000 francs.

Nous nous ferons d'ailleurs un plaisir de donner aux personnes qui nous le demanderaient dans un but d'utilité, tous les renseignemens qui sont en notre pouvoir.

IMPRIMERIE DE H. FOURNIER ET Cᵉ, RUE DE SEINE, 14

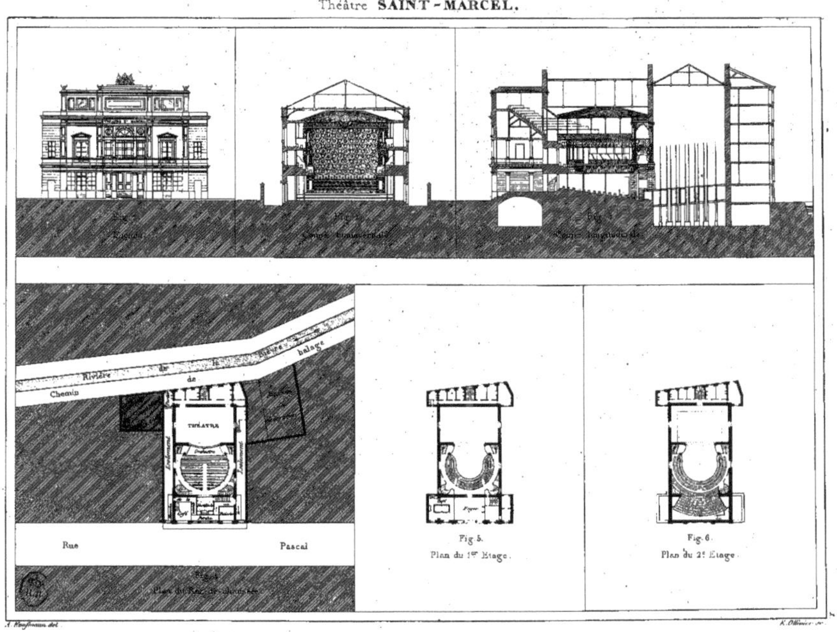

L. Mathieu, Éditeur quai Malaquais, 15.

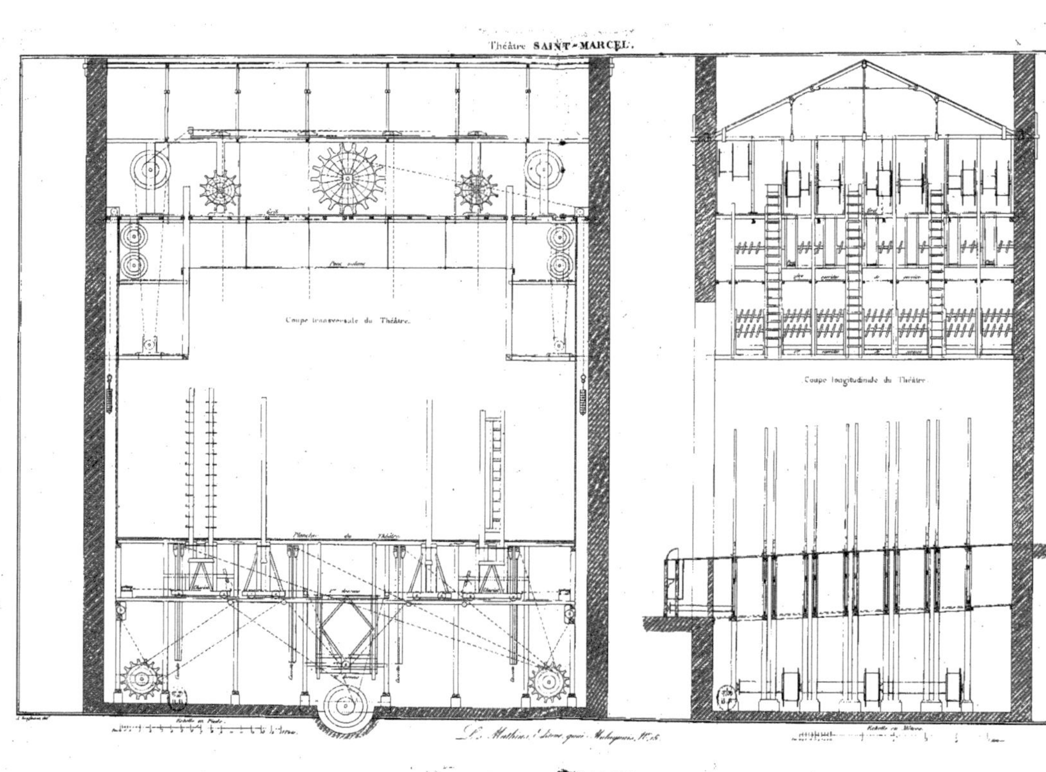
Coupe transversale du Théâtre.
Coupe longitudinale du Théâtre.
Plancher du Théâtre.
Échelle en Pieds.
Échelle en Mètres.

L. Mathias, Éditeur, rue Malte-mais, N° 13.

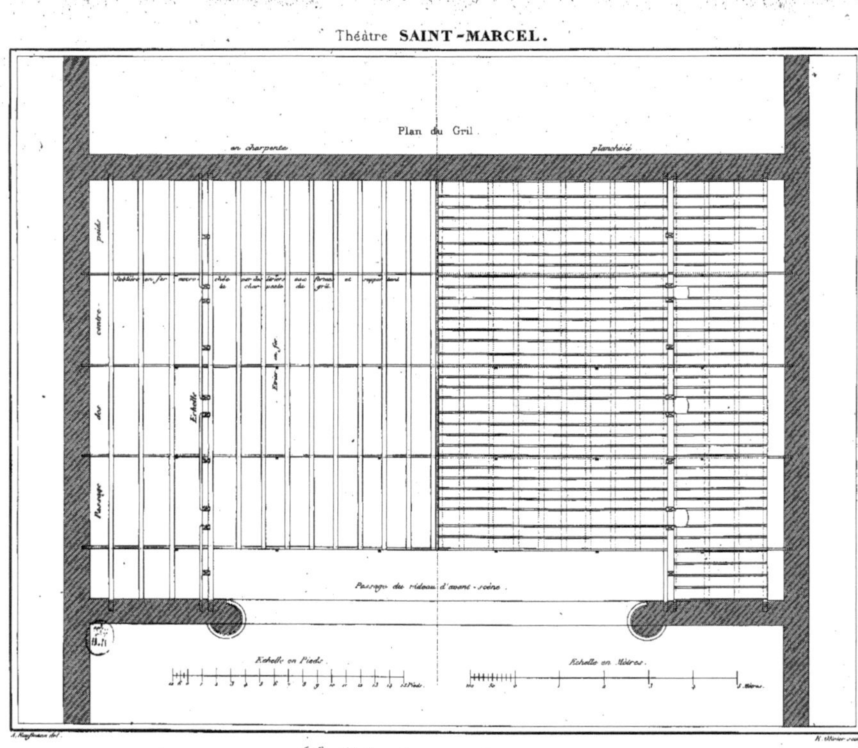

L. Mathieu, Editeur, quai Malaquais, 15.